Heidi Grund-Thorpe

Scoubidou

Tolle Knüpfideen

W0242112

Weltbild

Inhaltsverzeichnis

Vorwort

Plötzlich war es da – das Scoubidou-Fieber. Von den Eltern etwas misstrauisch beäugt, tauchten kleine bunte Tiere, rote Herzen und allerlei Kreuze, Armbänder und andere Figuren an Schlüsselanhängern oder Reißverschlüssen ihrer Kinder auf.

Begonnen hat der heiße Trend in Frankreich. Von dort schwappte die Welle der bunten Scoubidous zuerst ins grenznahe Saarland und breitete sich dann in Windeseile in ganz Deutschland aus.

Die Faszination des Knüpfens von Scoubidous ist das Abenteuer, mit einfachen Mitteln etwas zu machen, das es bisher nicht gab. Wer zum Beispiel seinen ersten Schlüsselanhänger geknüpft und toll in Form gebracht hat, wird sich schnell nach neuen Herausforderungen umsehen. Dabei wächst Stück für Stück die Fähigkeit, komplizierte Knoten zu knüpfen oder mit sehr vielen Bändern gleichzeitig zu arbeiten.

Man weiß übrigens selbst in Frankreich nicht genau, wo die Scoubidous herkommen, also wer sie erfunden und wer ihnen den Namen gegeben hat.

→ Vielleicht kommt der Name von den »Scoubidous«, das sind Spezialschiffe, mit denen man eine bestimmte Algenart aus dem Meer fischt. Es ist gut möglich, dass die Matrosen auf diesen Schiffen begannen, sich Schlüsselanhänger selbst zu knüpfen. Immerhin gehört das Knüpfen von Knoten zur Seefahrt wie Wellen, Wind und Wetter.

→ Dann gab es noch die französische Popgruppe namens »Scoubidou«, die in den 80er Jahren diese Schlüsselanhänger aus Plastik als Markenzeichen getragen haben soll.

→ Das schöne, klangvolle Wort »Scoubidou« war übrigens auch der Titel eines Chansons, mit dem der gut aussehende französische Sänger Sascha Distel 1958 seinen Durchbruch schaffte.

Ob eine dieser Erklärungen dahinter steckt oder nicht – Scoubidous sind der Top-Trend und du solltest ihn nicht verpassen.

Viel Spaß mit deinen Scoubidous!

Material und Technik

Mit nur sehr wenig Werkzeug und einer Hand voll Material kann man mit Scoubidous, den fröhlich bunten Schnüren, farbenfrohe Schmuckstücke und tolle Deko knüpfen.

Scoubidoubänder sind im Bastel- oder Schreibwarenladen erhältlich. Es gibt sie in Längen zwischen 80 und 200 cm. Die Schläuche sind etwa 2 bis 3 mm dick. Die Schnüre werden in vielen Farben angeboten, sie sind sowohl undurchsichtig als auch transparent, mit und ohne Glitter und sogar mit Perlmuttschimmer erhältlich.

GRUNDMATERIAL UND WERKZEUGE

Material

- Bindedraht in Gold, Silber und anderen Farben von der Rolle
- Stärkerer Draht mit 0,6 bis 0,8 mm Ø
- Sekundenkleber
- Holzperlen mit einem Durchmesser von 0,7 bis 1,5 cm für Köpfe
- Perlen, Rocailles und Stifte
- Filz- und Lackstifte mit feiner Spitze in Rot, Blau und Schwarz

Werkzeug

- Rundzange mit Schneide
- Bastelschere
- Handbohrer mit feinem Bohrer
- Pinzette

Da die Schnüre innen hohl sind, lassen sich zur Verstärkung dünne Drähte einziehen. Bindedraht von der Rolle in Gold, Silber und anderen Farben lässt sich leicht in die Schnüre schieben.

Für besonders feste Halterungen, wie Ösen und Verstärkungen, ist der etwas stärkere Draht gut geeignet.
Schneiden und biegen lässt er sich mit der Rundzange, bei Ösen ist diese zum Formen notwendig.

Die Schnüre selbst werden mit einer einfachen Bastelschere abgeschnitten.

Zum Fixieren der verknoteten Schnüre ist Sekundenkleber besonders gut geeignet. Aber Vorsicht – auch Hände und Werkzeuge bleiben daran kleben.

Holzperlen in Natur oder Weiß mit einem Durchmesser von 0,7 bis 1,5 cm eignen sich gut für die Köpfe. Ist die Bohrung zu klein für die Schnüre, kann man mit einem dünnen Handbohrer das Loch vorsichtig vergrößern.

Die Gesichter lassen sich am besten mit Filz- und Lackstiften aufmalen, die eine feine Spitze haben.

Die übrigen Zutaten werden bei den einzelnen Materiallisten extra aufgeführt. Die angegebenen Farben der Scoubidous entsprechen den Modellen, natürlich lassen sie sich jederzeit mit anderen Farben austauschen.

Tipps vor dem Beginn

Um die Knoten bzw. ein Geflecht für eine bestimmte Form zu verbreitern, können vor dem endgültigen Fixieren des Knotens zusätzliche Schnüre eingelegt werden. Das

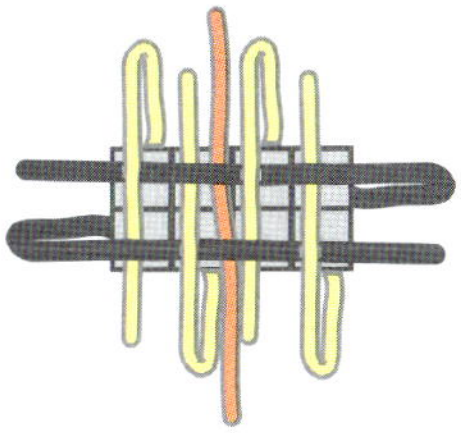

Zeichnung 1

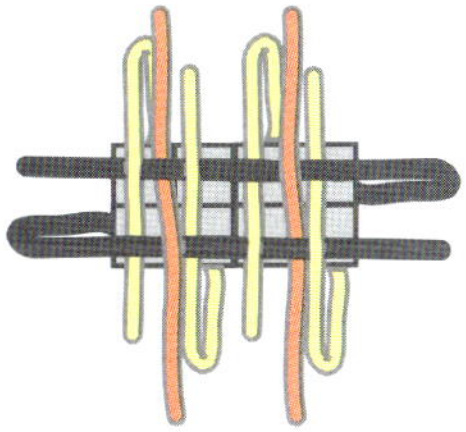

Zeichnung 2

geschieht am besten in der Mitte (bei einer einzelnen Schnur → Zeichnung 1).

Zwei Schnüre können sowohl in der Mitte als auch neben den äußeren Randschnüren fixiert werden (Zeichnung 2).

Für Arme oder Beine bei Tieren und Figuren müssen die Schüre, die dafür benötigt werden, quer in das Geflecht eingezogen werden. Hier ist ganz wichtig, dass die Schnüre gleich lang auf beiden Seiten herabhängen. Wenn der Knoten darüber erst einmal festgezogen ist, lassen sich die Schnüre sehr schlecht verschieben.

Mit einer Häkelnadel kannst du nachträglich Fäden einziehen, dafür darf das Geflecht aber nicht zu fest sein.

Um eine Form im Laufe der Knoten zu verjüngen, verknotest du die mittleren Fäden und verschmilzt sie mit der Spitze einer heiß gemachten Stricknadel oder ganz kurz unter dem Feuerzeug. Auch ein Tropfen Kleber fixiert diesen unlösbar.
Natürlich lassen sich auch seitliche Fäden abschneiden, das sollte aber immer symmetrisch passieren. Werden beide Fäden am Rand weggeschnitten, so entsteht eine Stufe an der Kontur (→ Schlüssel-Schutzengel, Seite 34–35).

Enden fixieren

Das Fixieren der Enden ist für viele fast schwieriger als das Knüpfen selbst. Doch keine Angst, es gibt sogar drei Möglichkeiten, die Schnurenden zu fixieren. Wie schon vorher beschrieben, den Knoten besonders fest anziehen. Manchmal reißen dabei die Schnüre direkt am Knoten ab und verschmelzen miteinander.

Wem das nicht sicher genug ist, der zieht den Knoten fest, schneidet die Schnüre dicht am Knoten ab und gibt einen Tropfen Sekundenkleber darauf. Auch mit einer erhitzten Stoptnadel über einer Kerzenflamme lassen sich die Enden gut verschmelzen.

Knoten

Zu Beginn des Knüpfens müssen die Schnüre immer miteinander verbunden werden.

Brauchst du für einen Aufhänger eine Schlaufe, in die später ein Karabiner, Schlüsselring oder eine Kette eingehängt wird, legst du eine Schnur mittig in der Hälfte aufeinander und bindest mit den übrigen einen Knoten darum, so dass eine Schlaufe, die zwischen 0,5 und 1 cm lang ist, stehen bleibt (Zeichnung 3).

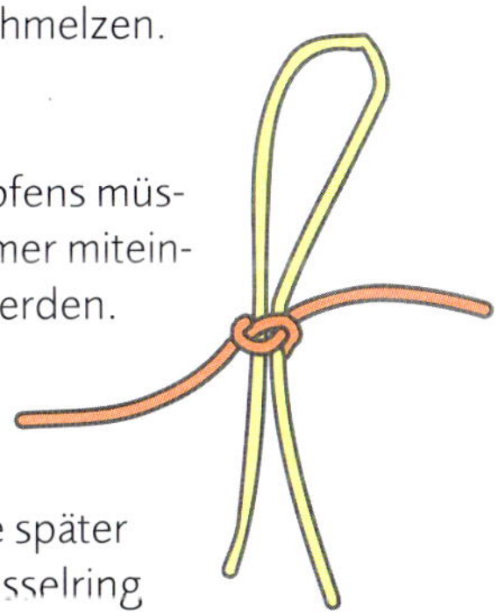

Zeichnung 3

Möchtenst du gleich am Beginn eine Öse in das Geflecht einhängen, schiebst du diese auf ein Scoubidou. Dann legst du alle Scoubidous bündig aufeinander und bindest über der Öse in der Mitte den ersten Knoten (→ Zeichnung 4).

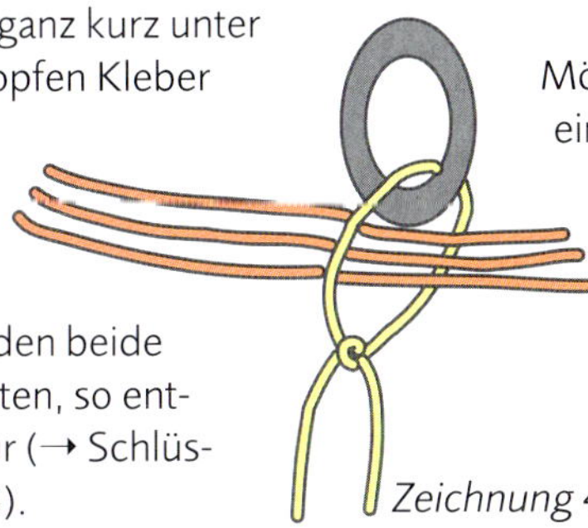

Zeichnung 4

BÄNDER MIT VIER SCHNÜREN

Mit vier Schnüren gleichzeitig zu knüpfen ist nicht schwer, wenn du dir Zeit lässt und vor allem gleich richtig beginnst. Achte darauf, dass der erste Knoten gut sitzt!

RECHTECKIGES GEFLECHT

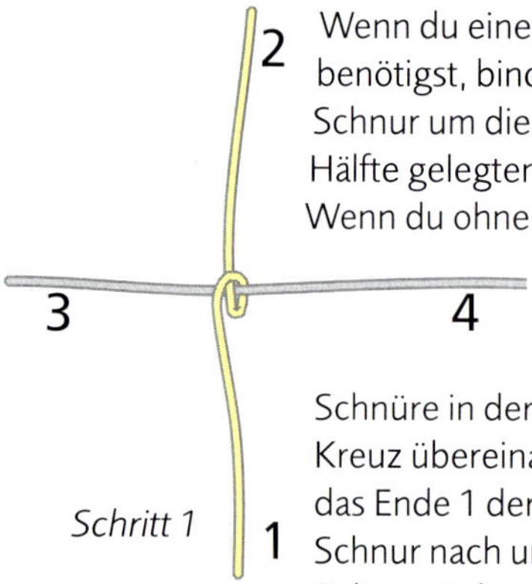

Schritt 1

Wenn du eine Schlaufe benötigst, bindest du eine Schnur um die Mitte der zur Hälfte gelegten Schnur. Wenn du ohne Schlaufe beginnst, dann legst du die beiden Schnüre in der Mitte über Kreuz übereinander. Ziehe das Ende 1 der gelben Schnur nach unten, das Ende 2 dieser Schnur nach oben über die graue. So hältst du den Mittelpunkt der Schnüre fest. Nun legest du das Ende 3 waagrecht nach rechts, das Ende 4 waagrecht nach links. Fädele dann das Ende 1 über 3 unter 4 durch, das Ende 2 über 4 unter 3 durch. An allen vier Fäden gleichzeitig ziehen, bis der Knoten fest ist.

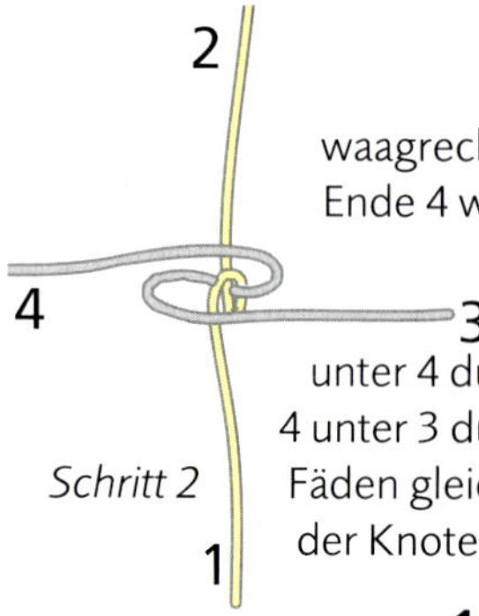

Schritt 2

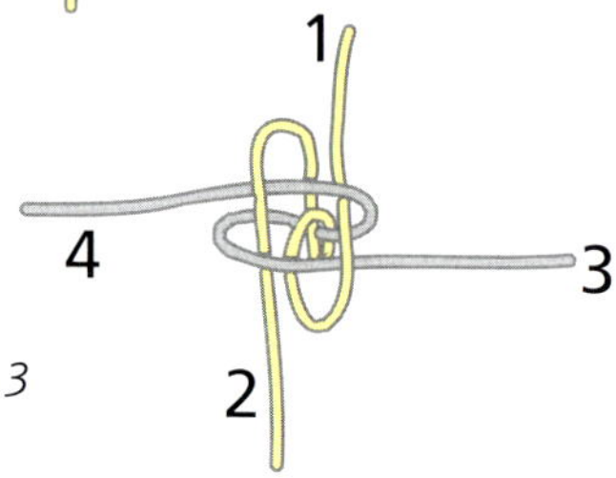

Schritt 3

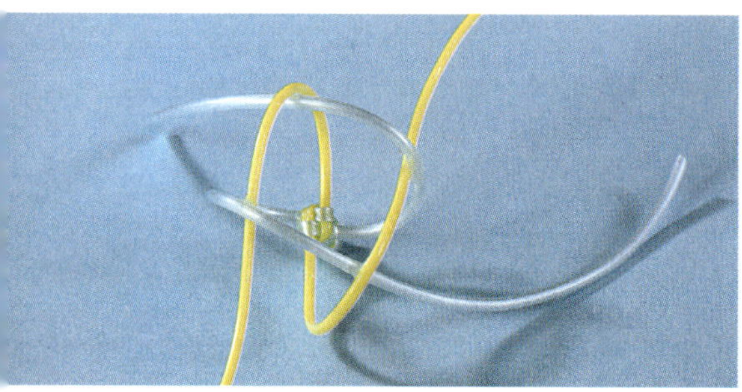

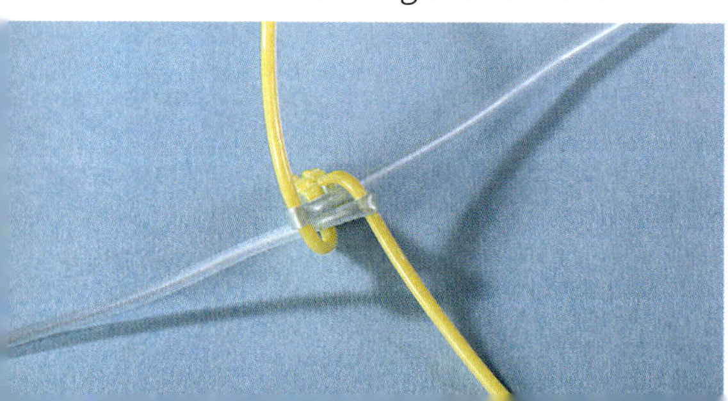

Bild oben: Rundes Geflecht.
Bild unten: Rechteckiger 4er-Knoten.

Alle weiteren Knoten

Lege Ende 4 waagrecht nach rechts, Ende 3 waagrecht nach links. Flechte 1 über 4 und unter 3 senkrecht nach unten, Ende 2 über 3 und unter 4 senkrecht nach oben.

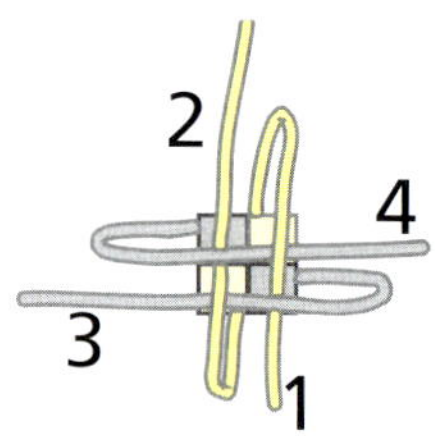

RUNDE GEFLECHTE

Arbeite den Anfang wie beim rechteckigen Band mit oder ohne Schlaufe. Nun legst du Ende 3 schräg über 1 nach links, Ende 4 über 2 nach rechts. Flechte Ende 1 über 4 unter 1 durch, das Ende 2 über 3 unter 2. Achte darauf, der Unterschied zum rechteckigen Band besteht darin, dass 3 und 4 schräg gelegt werden. Setze die weiteren Knoten nach dem gleichen Schema fort.

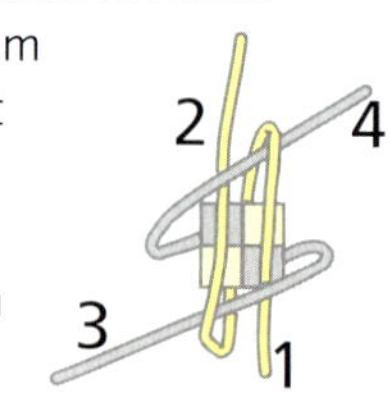

GEFLECHTE MIT 3 UND MEHR SCHNÜREN

Diese beiden Techniken bilden das Grundgerüst für alle anderen Knoten, deshalb solltest du mit einem einfachen Probestück beginnen (→ Schlüsselanhänger Seite 31).

Drei Bänder kannst du mit einem Knoten, einem dünnen Draht, den du mehrfach um die drei Bänder wickelst und später entfernst, beginnen. Eine andere Möglichkeit besteht darin, die Bänder durch eine Holzperle zu ziehen.

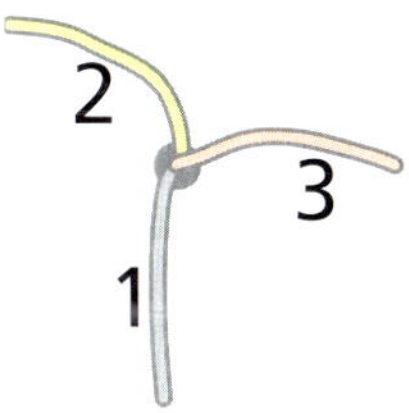

Rundes Geflecht mit drei Bändern

Lege das Ende 1 als Schlinge über 2, Ende 2 als Schlinge über 3 und stecke Ende 3 durch die Schlinge von 1. Alle Schnüre gleichmäßig festziehen. Die nachfolgenden Knoten genauso arbeiten.

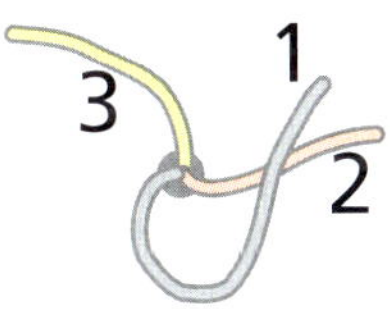

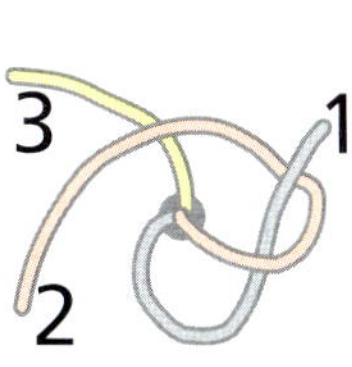

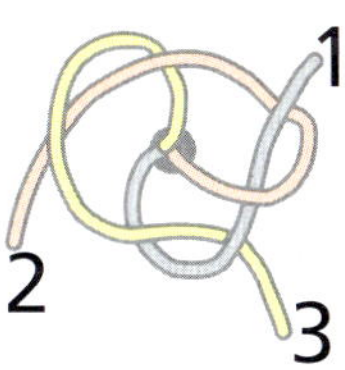

Runde Geflechte mit fünf oder mehr Schnüren

Das Prinzip ist das Gleiche wie beim Geflecht mit drei Bändern, ebenso die Möglichkeiten des Anfangs. Lege alle Bänder nach dem Knoten bzw. Perle bzw. Drahtbindung strahlenförmig nach außen. Lege Ende 1 als Schlinge über Ende 2, Ende 2 als Schlinge über Ende 3, Ende 3 als Schlinge über Ende 4, Ende 4 als Schlinge über Ende 5, und stecke Ende 5 in die Schlinge von 1.

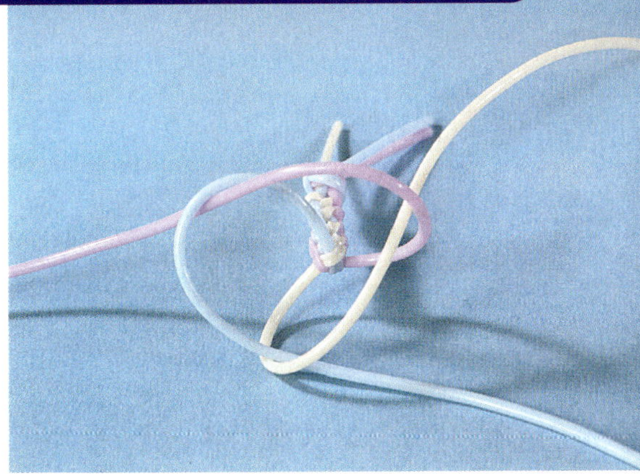

3er-Geflecht.

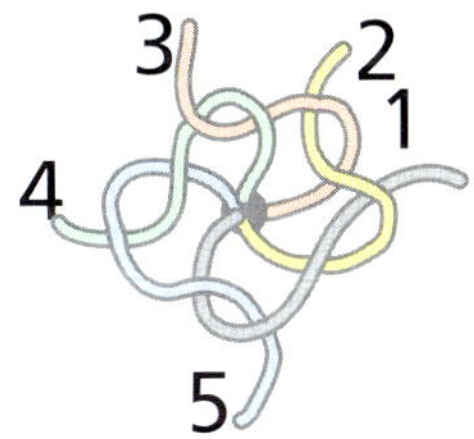

Rechteckige Geflechte mit 6 Schnüren

Beginne mit oder ohne Schlaufe, Öse wie bei »Knoten«, Seite 5. Knote die graue Querschnur über die beiden gelben und orangefarbenen Schnüre, lege je eine orange und gelbe Schnur nach oben und unten, die grauen Enden zu beiden Seiten.

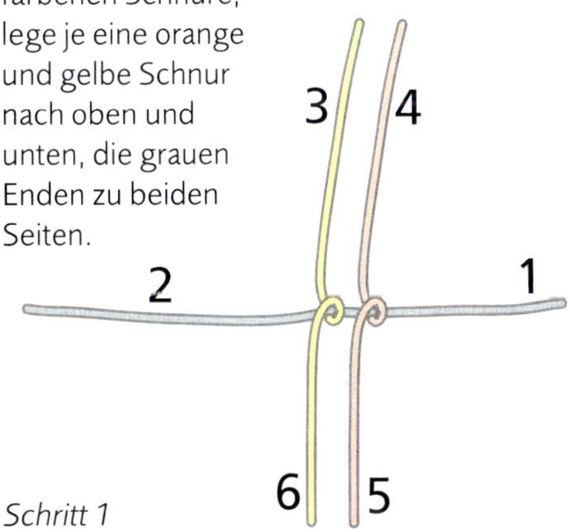

Schritt 1

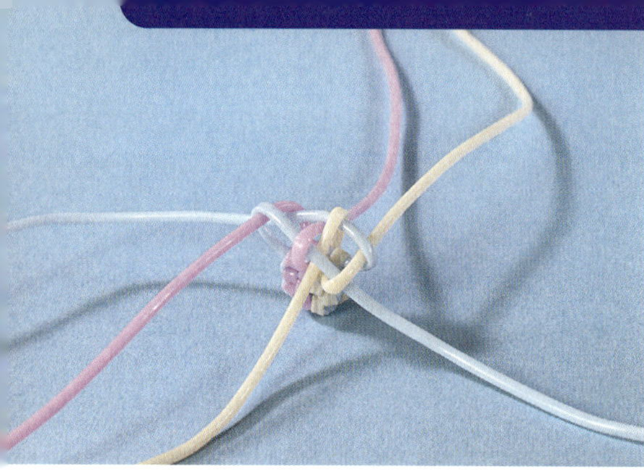

Scoubidou mit 6 Bändern.

Schritt 2

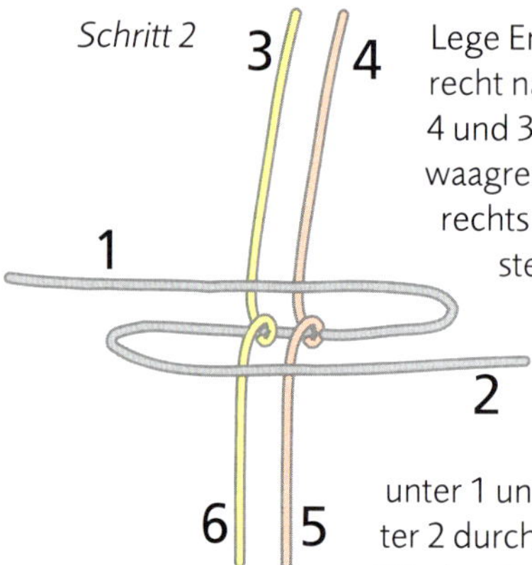

Lege Ende 1 waagrecht nach links über 4 und 3, Ende 2 waagrecht nach rechts über 6. Nun stecke Ende 5 über 2 unter 1, 4 über 1 unter 2, 6 über 2 unter 1 und 3 über 1 unter 2 durch. Ziehe alle Bänder gleichmäßig an, dabei 1 und 2 zu den Seiten ziehen – 3 und 4 nach unten, 5 und 6 nach oben. Die nachfolgenden Knoten genauso arbeiten.

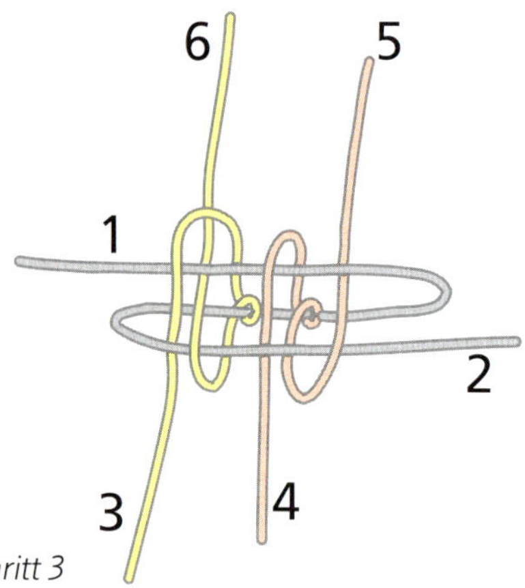

Schritt 3

Rechteckige Geflechte mit acht oder mehr Schnüren

Beginne mit oder ohne Schlaufe, Öse wie bei »Knoten«, Seite 5, oder knote die farbigen Schnüre in die graue Querschnur. Die grauen Enden weisen nach rechts und links, je ein Ende einer farbigen Schnur zeigt nach oben und unten.

Lege Ende 1 waagrecht nach links über alle senkrechten oberen Schnüre, und Ende 2 waagrecht nach rechts über alle hinteren Schnüre. Flechte Ende 8 über 2 unter 1, Ende 3 über 1 unter 2, Ende 7 über 2 unter 1, Ende 4 über 1 unter 2, Ende 6 über 2 unter 1, Ende 5 über 1 unter 2 durch. Alle Schnüre gleichmäßig festziehen.

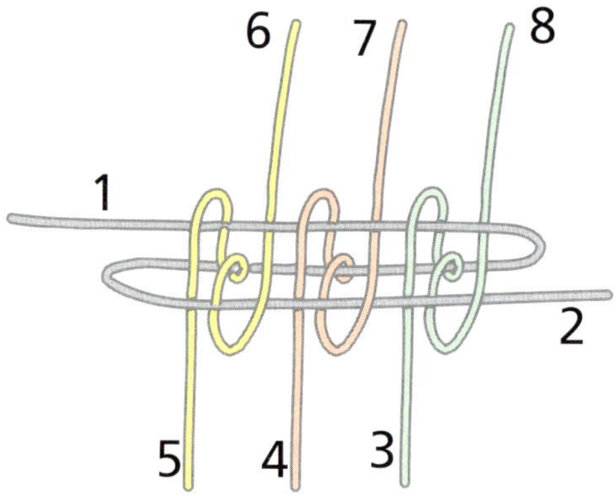

Nach diesem Prinzip kannst du rechteckige Geflechte mit immer mehr nebeinander liegenden Schnüren anfertigen.

Scoubidou mit 8 Bändern.

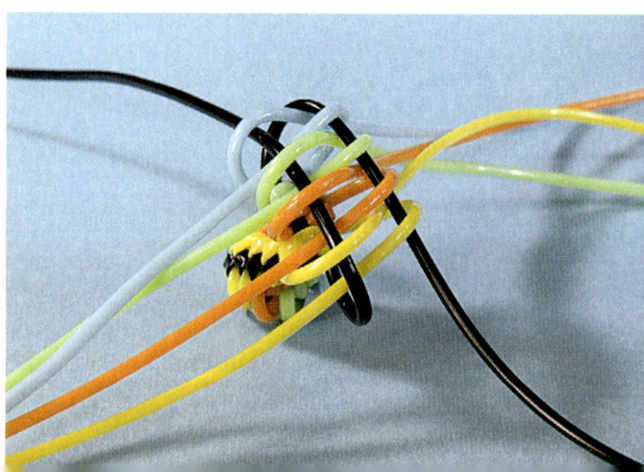

WEITERE KNOTEN

Diese drei Knoten sind besonders interessant, und du brauchst sie für so schöne Stücke wie deine neuen Flip-Flops (→ Seite 40).

Spiralförmige Geflechte

Diese werden mit sechs oder mehr Schnüren ausgeführt. Dabei liegen die grauen Schnüre wie beim rechteckigen Geflecht waagrecht, die übrigen Schnüre weisen nach oben und unten.

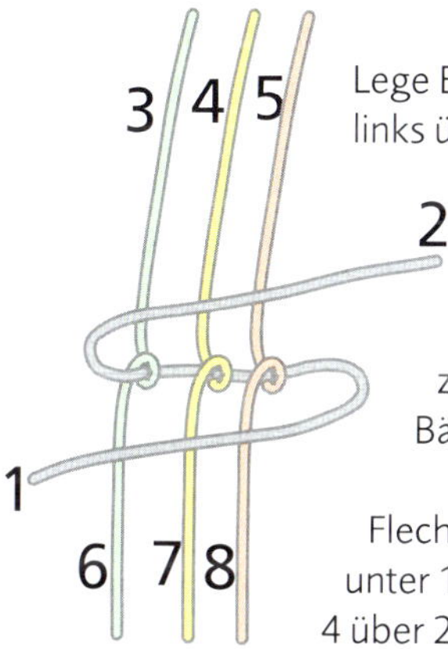

Lege Ende 1 schräg nach links über die nach unten zeigenden farbigen Schnüre, Ende 2 schräg über die nach oben zeigenden farbigen Bänder.

Flechte Ende 3 über 2 unter 1, 8 über 1 unter 2, 4 über 2 unter 1, 7 über f1 unter 2, 7 über 1 unter 2, 5 über 2 unter 1, 6 über 1 unter 2.
Alle Bänder gleichmäßig fest anziehen. Diesen Knoten immer wiederholen, die Spirale ergibt sich von selbst. Das Geflecht kann durch Einlegen von weiteren Schnüren erweitert werden, die Art des Knotens bleibt dabei immer die Gleiche.

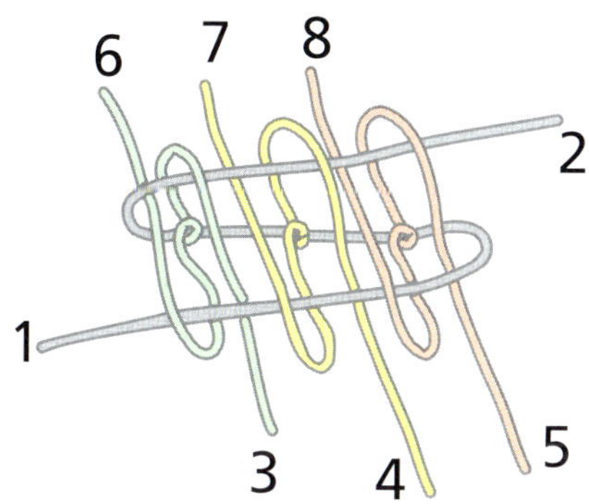

Halber Weberknoten

Lege die graue Schnur 1 über die mittleren Bänder zur rechten Seite. Das äußere rechte graue Band 2 über das waagrechte linke legen, auf der Rückseite der mittleren Bänder waagrecht nach links ziehen, und dort durch die Schlinge des äußeren linken Bandes stecken. Bänder anziehen. Wenn du diese Knoten immer wiederholst, erhältst du eine Spirale.

Doppelter Weberknoten

Nach dem halben Knoten den gleichen Vorgang ausführen, aber du beginnst jetzt mit der rechten äußeren grauen Schnur. Du legst sie über die mittleren Schnüre nach links, führst dann die linke graue Schnur um die Waagrechte nach hinten zur rechten Seite und steckst sie dort durch die Schlinge. Beim doppelten Weberknoten wird das Geflecht gerade.

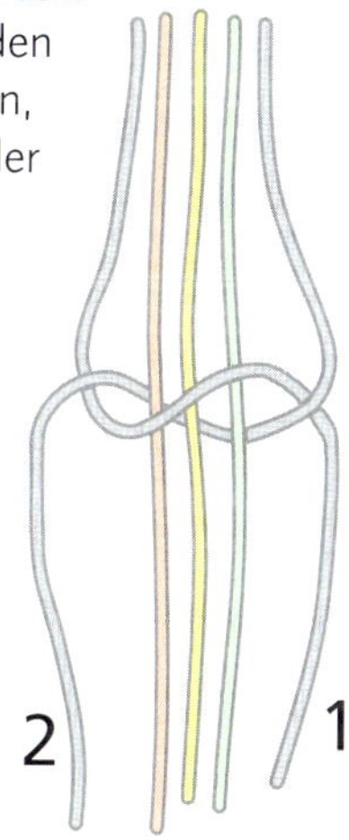

Scoubidou mit Spirale.

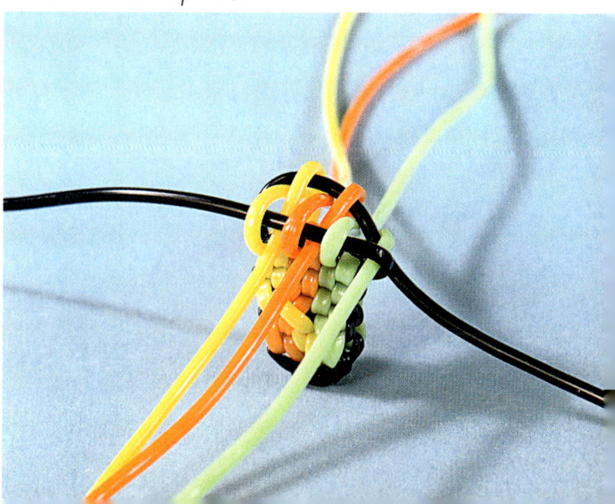

Kreuz mit Stein

Dieses Kreuz in sanften Farben ist ein Schmuckstück, das du einfach haben musst!

MATERIAL

- 4 rosa Transparent-Glitter-Scoubidous in 2 m Länge
- Je 3 hellblaue und lila Transparent-Glitter-Scoubidous in 2 m Länge
- Scoubidou in beliebiger Transparent-Glitter-Farbe für Halskette
- 1 violette Glasperle
- 1 silberfarbenes Rocaille
- Fester Draht für Öse
- Dünner Draht

SO WIRD'S GEMACHT

❶ Für den senkrechten Balken bindest du eine hellblaue Schnur mittig um zwei rosa Schnüre und knotest einen rechteckigen Knoten. Vor dem Festziehen des nächsten Knotens noch eine rosa Schnur mittig einlegen, und weiter mit dem flachen Rechteck knoten. Zusätzlich steckst du am oberen Ende einen 6 cm langen festen Draht in den mittleren Knoten (wird später zur Öse). Er soll etwa 2 cm tief in den Knoten sitzen.

❷ Nach 3 cm fertigst du einen Knoten an, und steckst vor dem Festziehen einen Blei- oder Farbstift unter den Knoten. Der Bleistift liegt dabei in der Richtung des Querbalkens des Kreuzes. Unter dem Bleistift noch 4,5 cm weiterknoten.

❸ Als Abschluss die nach oben liegenden rosa Schnüre nach unten legen und mit Kleber auf dem Knoten fixieren. Die nach unten zeigenden Schnüre nach oben ziehen und festkleben. Die seitlichen hellblauen Schnüre mittig über den festgeklebten verknoten, fixieren und Schnüre abschneiden.

❹ Den Bleistift herausziehen. Die lila und eine hellblaue Schnur mittig halbieren. Lege eine hellblaue und zwei lila Schnüre bündig aufeinander, und ziehe sie durch die Mitte der senkrecht verlaufenden Schnüre des Kreuzbalkens. Die sechs Enden der Schnüre liegen aufeinander. Knote einen Rechteckknoten, die hellblauen Schnüre liegen dabei waagrecht – die lilafarbenen zeigen nach oben und unten. Diesen Knoten fest anziehen, damit werden die Schnüre des senkrechten Balkens nach außen gezogen. Nach dem ersten Knoten legst du noch eine lila Schnur ein und knüpfst 2,5 cm einen rechteckigen 6er-Knoten. Die Schnüre wie auf Seite 5 beschrieben kleben und verknoten. Den zweiten Balken genauso arbeiten.

❺ Nun schneidest du 5 cm dünnen Draht ab, fädelst mittig ein Rocaille auf und steckst beide Enden des Drahtes durch die Perle. Lege Perle und Rocaille auf das Loch in der Mitte des Kreuzes und ziehe den Draht nach hinten. Auf der Rückseite steckst du die Drahtenden in das Geflecht – den überstehenden Draht abschneiden. Du kannst die Perle mit Rocaille aber auch nur mit Sekundenkleber fixieren.

❻ Biege den Draht am Kreuz zur Öse, und fädele ein Scoubidou in deiner Wunschfarbe als Kette ein.

Meeresperlen-Halsband

Ein Halsband für Meerjungfrauen und solche, die es werden möchten. Es passt toll zu Shirts in Blautönen und prima zu Jeans.

MATERIAL

- 2 hellgrüne Transparent-Glitter-Scoubidous mit 200 cm Länge
- 1 hellblaues Transparent-Glitter-Scoubidou mit 200 cm Länge
- 3 hellgrüne und 2 blaue Perlen mit 2,5 cm Länge
- Je 2 hellgrüne und hellblaue Perlen mit 1,5 cm Länge
- 3 grüne irisierende Perlen mit 2,5 cm Länge
- Messingdraht
- 1 Kettenverschluss zum Schrauben

SO WIRD'S GEMACHT

❶ Lege die 3 Schnüre bündig nebeneinander und verknote sie nach 2,5 cm miteinander. Knote 11 cm lang den 3er-Knoten.

❷ Fädele auf die hellblaue Schnur eine hell-grüne Perle, die beiden hellgrünen Schnüre legst du außen dicht um die Perle und klebst sie entlang der Perle mit Sekundenkleber fest.

❸ Knote nun 4,5 cm lang den 3er-Knoten. Fädele wie vorher beschrieben die hellblaue Perle auf, und klebe die übrigen Schnüre am Rand der Perle fest.

❹ Biege aus Draht eine Öse, die etwa 0,5 cm lang ist. Schneide dann den Draht dicht an der Ösenrundung ab. Nach 4,5 cm die Mittelperle auffädeln, dabei aber vor dem Festkleben der Schnur am Rand der Perle die Drahtöse einhängen.

❺ Nun noch einmal 4,5 cm lang knoten, die hellblaue Perle und nach weiteren 4,5 cm die hellgrüne Perle fixieren, danach bis zum Kettenende 11 cm lang weiterknoten.

❻ Löse den Knoten am Anfang der Kette. Binde die Schnüre am Anfang und Ende dicht am letzten Knoten mit dünnem Draht zusammen, und schneide die Bündel 0,5 cm lang ab. Klebe die Bündel in die Enden des Kettenverschlusses. Ist der Kleber trocken, die Drähte wieder lösen.

❼ Biege zum Befestigen der restlichen Perlen jeweils eine kleine Öse in den Draht, schiebe die Perle auf den Draht bis dicht an die Öse, und biege am anderen Ende erneut eine Öse. Dann den Draht abschneiden. Alle Perlen mit Drahtösen versehen. Nun an eine lange irisierende Perle eine hellblaue und eine grüne für die Mitte hängen, an die übrigen langen Perlen je eine grüne Perle hängen. Die Ösen der drei irisierenden Perlen in die Öse unter der Mittelperle einhängen.

TIPP

Am besten besorgst du zuerst die Perlen, und stimmst die Farben der Schnüre auf sie ab. Werden transparente Glitter-Scoubidous gemischt, entstehen tolle Farbeffekte.

Ohrringe

Beide Ohrringe passen toll zum Meeresperlen-Halsband. Du kannst sie aber auch alleine oder zu anderem Schmuck tragen und dich an ihrer Wirkung freuen.

MATERIAL

Perlenohrringe

- 1 Paar silberne Ohrringhaken mit Ösen
- Je 4 türkisblaue und transparente Glitter-Scoubidous, 30 cm lang
- 4 silberne Stabperlen
- 16 silberne Rocailles
- Dünner Silberdraht

Tropfenohrringe

- 1 Paar silberne Ohrringhaken mit Ösen
- 4 türkisblaue und 2 transparente Glitter-Scoubidous, je 25 cm lang

SO WIRD'S GEMACHT

Perlenohrringe

❶ Fädele ein transparentes Scoubidou mittig auf die Öse des Ohrrings. Knote es dann um zwei türkise Scoubidous und binde vier Rundknoten.

❷ Nun lasse die türkisblauen Schnüre hängen, und knote 2 cm lang den doppelten Weberknoten mit den transparenten Schnüren. Den letzten Knoten beidseitig fixieren.

❸ Schneide die Schnüre zwischen 3 und 6 cm lang ab. Schneide außerdem aus Silberdraht für jede Schnur einen doppelt so langen Draht ab. Schiebe je ein Rocaille mittig auf den Draht.

❹ Lege die Drahtenden aufeinander und schiebe sie auf eine Stabperle oder direkt in die Schnur bis zum Knoten. Mit einem Tropfen Sekundenkleber die Drähte fixieren.

Tropfenohrringe

❶ Fädele eine transparente Schnur mittig in die Ohrringöse und binde sie um eine türkise Schnur. Drei Rundknoten binden, dann noch eine türkise Schnur einlegen. Noch 2 cm mit 6 Schnüren Rundknoten binden.

❷ Die Enden der Schnüre fest anziehen, dicht am Knoten abschneiden und mit Sekundenkleber fixieren.

❸ Den zweiten Ohrring genauso arbeiten.

Ein Armband fällt auf

Ein Armband aus Scoubidous in zwei kräftigen Farben ist cool und immer ein Hingucker. Wie schnell es geknüpft ist, weißt ja nur du!

MATERIAL

- 4 pinkfarbene und 2 neongrüne Scoubidous, je 60 cm lang
- Silberner Kettenverschluss mit Karabiner
- Dünner Bindedraht

SO WIRD'S GEMACHT

1. Lege die Schnüre bündig aufeinander und verknote sie nach 5 cm. Lege die neonfarbenen Schnüre waagrecht nach rechts und links, je 4 pinkfarbene nach oben und unten. Binde 3 cm lang ein flaches Rechteck.

2. Knote nun mit den äußeren grünen Schnüren über die pinkfarbenen 8 cm lang den doppelten Weberknoten, dabei ergibt sich die Spiralwindung von selbst.

3. Noch einmal 3 cm lang ein flaches Rechteck knoten, wenn es genau die gleiche Richtung haben soll wie das am Anfang gebundene.

4. Löse den Knoten am Anfang der Schnüre. Umwickele etwa 1,5 cm vor und nach den flachen Rechtecken alle Bänder fest mit dem Bindedraht. Schneide die Schnüre 1 cm lang ab. Öffne den Kettenverschluss und stecke die Enden des Armbandes in jeweils eine Kapsel. Rundum mit Sekundenkleber Tropfen hineingeben.

5. Während der Trockenzeit die Schnüre fest in die Kapsel drücken. Erst danach die Drahtwicklungen um die Schnüre wieder lösen.

TIPP

Du kannst dir viele unterschiedliche Armbänder in zwei Farben nach dieser Anleitung knüpfen – zum Beispiel aus dem Rest einer Scoubidou-Kette. Beides zusammen macht deinen Look perfekt.

Schick mit Leder und Bast

Weil in manchen Scoubidous Giftstoffe sind, sind Leder und Bast gute Alternativen.

MATERIAL

Kette mit Lederband
- Je 2 braune, blaue, rote und beige Lederschnüre, 90 cm lang
- 1 Steinscheibe mit Loch, Außendurchmesser 6 cm
- Kettenverschluss mit 0,5 cm Durchmesser

Bastkette
- 4 Bastschnüre in Rot und Rosa, je 140 cm lang
- 10 rote Perlen mit 1,5 cm Durchmesser
- Kettenverschluss mit 0,5 cm Durchmesser

SO WIRD'S GEMACHT

Kette mit Lederband

❶ Lege alle Bänder bündig aufeinander und verknote sie nach 50 cm miteinander.

❷ Richte die Lederschnüre nach dem Schema (→ Seite 8) für rechteckige Bänder mit 8 Schnüren aus. Die beiden blauen Bänder 1 und 2 zeigen waagrecht nach rechts und links, 3 braun, 4 rot, 5 beige nach oben und nach unten 6 braun, 7 beige, 8 rot. Flechte 7 cm lang ein rechteckiges Band.

❸ Lege die Enden der Bänder um den Rand der Steinscheibe, und verknote sie hinter dem Rand. Gib auf jeden Knoten einen Tropfen Sekundenkleber. Ist er vollständig trocken, kannst du die Bänder hinter dem Knoten vorsichtig abschneiden.

❹ Löse den Knoten der acht Schnüre vor dem rechteckigen Geflecht. Teile die Lederschnüre beidseitig des Rechtecks so, dass zwei Bündel mit je einem beigen, roten, blauen und braunen Band entstehen. Lege das blaue und das braune Band in der Mitte parallel nebeneinander und binde mit den roten und beigen Schnüren insgesamt 3 cm Weberknoten (siehe Zeichnung). Den letzten Knoten sehr fest anziehen und fixieren.

❺ Die Enden der Schnüre in gewünschter Länge mit dünnem Draht zum Bündel umwickeln, und neben dem Draht mit 0,5 bis 1 cm Abstand abschneiden. Die Enden beidseitig in den Kettenverschluss kleben. Ist der Kleber trocken, die Drahtwicklungen lösen.

Bastkette

❶ Verknote 2 rote und 2 rosa Schnüre nach 5 cm miteinander und knüpfe den 4er-Rundknoten 18 cm lang. Die zweite Kettenhälfte genauso arbeiten.

❷ An den Enden der zwei Kettenhälften Perlen auffädeln. Mit der Schnur je eine Hälfte nach der Perle beide Kettenhälften zusammenknoten, an die Enden nochmal Perlen einknoten.

❸ Die Schnüre nach den Knoten am Kettenanfang etwa 0,5 cm kurz abschneiden, und die Knoten mit Sekundenkleber in die Kettenverschlusshülsen kleben.

Dein Herzamulett

Ein Herz ist ein besonders schönes Symbol. Ganz modern und auffällig ist es, wenn du es mit den Stars unter den Bändern festhältst – den transparenten Glitter-Scoubidous

MATERIAL

- 1 graues Transparent-Glitter-Scoubidou, 150 cm lang
- 2 hellgrüne Transparent-Glitter-Scoubidous, 150 cm lang
- 1 farblich passendes Herz aus Glas, Stein oder Metall, ca. 4 x 4 cm groß (Bastel- oder Edelsteinladen)

SO WIRD'S GEMACHT

❶ Lege das hellgraue Scoubidou um die äußerste Kontur des Herzens bis zur oberen Herzrundung. Trage Sekundenkleber entlang der Schnur auf das Herz auf und halte die Schnur so lange fest, bis der Kleber trocken ist, ohne selbst festzukleben.

❷ Nun knotest du die Schnur mittig über dem Herz zusammen, und drückst den Knoten in den Einschnitt des Herzens. Das geht am besten mit einer Pinzette. Fixiere die restliche Schnur an der Herzrundung bis zum Einschnitt ebenfalls mit Kleber, dabei hältst du den Knoten andauernd mit der Pinzette fest. Vorsicht: Wenn Kleber auf die Pinzette kommt, klebt diese auch fest.

❸ Lege eine hellgrüne Schnur mittig auf den Knoten und binde den ersten Knoten für Rechtecke. Nun noch eine Schnur dazulegen, und den spiralförmigen Knoten sorgfältig mit sechs Schnüren arbeiten. Nach etwa 5,5 cm die Schnüre so aufteilen, dass auf beiden Seiten jeweils 2 grüne und eine hellgraue Schnur liegen.

❹ Achte beim Teilen der Schnüre darauf, dass die letzte geknotete Spiralwindung in der gleichen Richtung liegt wie das Herz, das Ende sollte zu einer Seite des Herzens gerichtet sein. Ist das nicht der Fall, knotest du noch ein paar Knoten. Überprüfen kannst du das am besten, wenn du die Kette an den geteilten Schnüren um den Hals hängst. Liegt das Herz ohne Drehung flach auf dem Dekolletee, hast du den richtigen Punkt für den letzten Knoten erreicht.

❺ Binde auf beiden Seiten mit drei Schnüren den 3er-Knoten 2 cm lang. Nun legst du die beiden grünen Schnüre über den blauen und knüpfst mit 1 cm Abstand einen doppelten Weberknoten.

❻ Lege die Kette um den Hals, um die gewünschte fertige Länge abzumessen, und verknote abschließend alle Schnüre miteinander. Nach dem Knoten abschneiden.

TIPP

Weil Sekundenkleber auch vor Fingern und Werkzeug nicht Halt macht, kaufst du am besten einen fertigen Herzstein mit Öse. In Schmuckläden und anderen Geschäften, die Halbedelsteine verkaufen, kannst du dir auch deinen Lieblingsstein aussuchen und gleich eine Öse anbringen lassen.

Blüten-Kollier

Wenn Hals- und Armband wie hier ganz genau zusammenpassen, sehen die zarten Schmuckstücke doppelt so wertvoll aus.

MATERIAL

Kette

- Je 3 hellblaue, pinke und zitronengelbe Scoubidous, 200 cm lang
- 1 lachsfarbenes Scoubidou, 200 cm lang
- Rosafarbene Holzblüte mit Loch, ca. 4 cm Ø
- 4 Silberperlen mit 0,7 cm Ø
- Silberfarbener Kettenverschluss

Armband

- Je ein hellblaues, rosafarbenes und zitronengelbes Scoubidou, 140 cm lang
- Pastellgelbe Holzblüte mit Loch, ca. 4 cm Ø
- 2 Silberperlen mit 0,7 cm Ø
- Silberfarbener Kettenverschluss

SO WIRD'S GEMACHT

Kette

❶ Knote je ein gelbes, lachs- und pinkfarbenes und hellblaues Scoubidou zusammen und knüpfe 16 cm mit dem 4er-Rundknoten. Teile die Bänder und stecke zwei von hinten und zwei von vorne durch das Loch der Holzblüte. Überkreuze sie dort und ziehe die Bänder zum gegenüberliegenden Ende der Blüte. Dann erneut 16 cm lang knoten.

❷ Knote ein hellblaues, rosafarbenes und zitronengelbes Scoubidou zusammen und knüpfe 4,5 cm lang den 3er-Rundknoten. Schiebe die Silberperle über alle drei Bänder, dann 5 cm lang weiterknoten. Silberperle aufschieben, 11 cm lang knoten, Silberperle aufschieben, 5 cm knoten, Silberperle aufschieben, 4,5 cm knoten.

❸ Ein zweites Band aus Scoubidous genauso arbeiten.

❹ Löse die Knoten an den Anfängen der Bänder. Lege die Bänder nebeneinander und binde sie bis dicht an den Anfangs- und Endknoten mit dünnem Draht zusammen.

❺ Nun schneide die Schnüre zusammengefasst 1 cm neben den Drahtwicklungen ab. Klebe die Enden in die Hülsen für den Kettenverschluss. Ist der Kleber getrocknet, löse die Drahtwicklungen.

Armband

❶ Verknote alle drei Schnüre nach 5 cm miteinander und knote den 3er-Rundknoten 5,5 cm lang. Schiebe dann eine Silberperle auf, knote nochmal 5,5 cm, wieder eine Silberperle aufschieben, und dann nochmal 5,5 cm knoten.

❷ Umwickele die Enden der Schnüre mit Draht, nachdem du den Anfangsknoten gelöst hast. Schiebe die Holzblüte auf den Knüpfstrang und klebe die Enden in die Kapseln des Kettenverschlusses. Nachdem der Kleber trocken ist, die Drahtwicklungen wieder lösen.

Bunte Flügeltiere

Aus Scoubidous lassen sich viele lustige Tiere formen. Du kannst sie dir selbst auf den Tisch stellen oder sie mit guten Freunden tauschen.

MATERIAL

Schmetterling

- Je 2 gelbe, pinke und orange Transparent-Glitter-Scoubidous, 100 cm lang
- 2 je 2 cm lange schwarze Scoubidous
- 1 lilafarbene Holzperle mit 1,3 cm Durchmesser
- 4 Rocailles

Biene

- Je 2 gelbe und schwarze Scoubidous, 80 cm lang
- 1 silberfarbenes Transparent-Glitter-Scoubidou, 20 cm lang
- 1 gelbe Perle mit 1,3 cm Durchmesser

Libelle

- Je 2 hellgrüne und blaue Glitter-Scoubidous, 80 cm lang
- Je 1 lila und farbloses Transparent-Glitter-Scoubidou, 20 cm lang
- 2 Wackelaugen mit 5 mm Durchmesser

SO WIRD'S GEMACHT

Schmetterling

❶ Verstärke je zwei gelbe, rote und orangefarbene 20 cm lange Scoubidous vollständig mit starkem Draht. Daraus machst du in Step 3 die Flügel.

❷ Schiebe zwei Rocailles mittig auf je 10 cm dünnen Draht und diesen durch die schwarzen Schnüre, dann durch die Perle. Lege die farbigen Scoubidous mittig aufeinander und knote mit doppelt genommenen Bändern den 4er-Rundknoten. Beim zweiten Knoten steckst du auf den Anfang die Perle mit den Fühlern und knotest dann die Drähte mit ein.

❸ Außerdem nacheinander den roten, orangen und gelben Draht für die Flügel quer einlegen. Nach dem gelben die Enden der Drähte nach unten biegen und in der umgekehrten Reihenfolge mit einknoten. Das zweite Flügelpaar genauso arbeiten.

❹ Nach 6 cm verknotest du die Enden der Bänder und fixierst sie mit Sekundenkleber. Rocailles als Augen aufkleben, einen Mund aufmalen.

Biene

❶ Verstärke die Enden von zwei schwarzen Schnüren 3 cm mit dünnem Draht, schiebe diese auf die Perle. Darunter knotest du die übrigen Bänder für den Körper ein.

❷ Das silberfarbene Scoubidou verstärken und halbieren. In den nächsten Knoten beide gleichzeitig einlegen, in den darauf folgenden die Enden.

❸ Noch 4 cm weiterknoten, dann die Fäden mit Kleber fixieren. Ein schwarzes Scoubidou als Stachel stehen lassen. Die Flügel formst du wieder wie oben in Step 3.

Libelle

Die Flügelschnüre mit Draht verstärken. Aus Grün und Blau 1,5 cm rund knoten, Flügel einlegen, im nächsten Knoten die Enden der Flügel fixieren. Noch 5,5 cm knoten, dann die geknüpfte Schnur wenden und über die Schnur 1,5 cm lang den Kopf knoten. Die Flügel schön ausformen und Rocailles als Augen aufkleben.

TIPP

Du hast vielleicht schon gehört, dass man in manchen Scoubidous Farben gefunden hat, die stark riechen und nicht gesund sind. Es hilft gegen den Geruch, wenn du die Bänder gleich nach dem Kauf auspackst und sie 1 ganzen Tag draußen lässt.

Was hat vier Hufe?

Für diese vier Tiere gibt es fast die gleiche Knüpfanleitung, mit der es ganz leicht ist, dir einen bunten Zoo selbst zu machen.

MATERIAL

Für jedes Tier
- → 8 Scoubidous, je 120 cm lang (Hinterbeine, Körper, Hals und Kopf)
- → 2 Scoubidous je 40 cm lang (Vorderbeine)
- → Reste für Schweif, Mähne

Zebra (schwarz und weiß)
- → Wackelaugen, Moosgummi für die Ohren

Giraffe (hellbraun und gelb)
- → Bast für die Mähne
- → 2 Rocailles (Hörner)

Einhorn (rosa und weiß)
- → Rocailles für das Horn, Moosgummi für die Ohren, Wackelaugen

Pferd (hellbraun)
- → Chenilledraht für Mähne und Schweif
- → Wackelaugen, Filz für die Ohren

SO WIRD'S GEMACHT

Allgemeine Anleitung für Beine, Körper und Kopf

❶ Lege acht Schnüre aufeinander und verknote sie nach 30 cm zum ersten Mal (nur für die größere *Giraffe* müssen es 40 cm sein). Knüpfe mit doppelten Schnüren 2,5 cm mit dem 4er-Rundknoten (*Pferd* 4er-Eckigknoten) für den Körper, dabei legst du einen 7-cm-Draht mittig ein.

❷ Knote für den Hals mit vier Schnüren noch 6 cm über dem Draht weiter, dann diesen und die Schnüre abschneiden und fixieren. Bei *Zebra* und *Einhorn* drahtverstärkte Schnüre als Mähne im Hals einlegen, bei der *Giraffe* auf 4,5 cm Länge Bast, dann für Ohren und Hörner eine drahtverstärkte Schnur einlegen.

❸ Die vier Schnüre für die Vorderbeine beidseitig aufteilen, außerdem noch zwei Schnüre und einen Draht dazulegen und nacheinander die Beine 3,5 cm (*Giraffe* 5 cm) lang knoten. Die Enden abschneiden und mit Sekundenkleber fixieren.

❹ Für die Hinterbeine den Knoten lösen, Draht einlegen, außerdem für den Schweif (nicht beim *Pferd*) drahtverstärkte Schnüre einlegen und beidseitig die Beine wie vorne knoten.

Letzte Hand anlegen

❶ Kleine Dreiecke aus Filz oder Moosgummi für *Pferd*, *Zebra* und *Einhorn* schneiden und ebenso festkleben wie die Wackelaugen.

❷ Bei der *Giraffe* die Ohren und Hörner mit der Zange formen und die Enden in die Knoten stecken. Je ein Rocaille auf die Hörner kleben. Den Schweif der *Giraffe* mit einem 3er-Knoten 1,5 cm lang knüpfen, am Ende Bastbüschel fixieren.

❸ Für den Schweif mehrere Chenilledrähte kurz schneiden und aufkleben. Je mehr Drähte du nimmst, desto buschiger wird natürlich der Schweif.

❹ Das *Einhorn* aus vier Rocailles auf Draht auffädeln, die Enden des Drahtes zwischen den Ohren in die Knoten am Kopf stecken.

TIPP

Du kannst natürlich auch Farben deiner Wahl nehmen. Das Pferd sieht in Schwarz genauso toll aus wie in Weiß – und das Einhorn wird in Blau und in Fantasiefarben oder Grün nicht weniger geheimnisvoll.

Unterwasser-Spaß

Einige Tiere sehen dank der langen Scoubidou-Bänder fast wie echt aus. Die Wassertiere sind nicht nur wegen der Wackelaugen schon beim Arbeiten lustig anzusehen.

MATERIAL

Qualle

- Je 5 orange, neonpinke, violette und lila Transparent-Glitter-Scoubidous, 120 cm lang
- Wackelaugen

Seepferdchen

- 2 neonpinke Glitter-Scoubidous, 120 cm lang
- 3 roafarbene Scoubidous, 120 cm lang
- Rosafarbener Bast
- Wackelaugen

Fisch

- 1 blaues und violettes Glitter-Scoubidou, 100 cm lang
- Wackelaugen
- Draht für die Brille

SO WIRD'S GEMACHT

Qualle

❶ Verknote acht Schnüre (je zwei einer Farbe) nach 30 cm miteinander. Knote den 4er-Rundknoten mit doppelten Schnüren. Nach dem ersten Knoten legst du acht 60 cm lange Schnüre in allen Farben ein. Nach 4 cm wenden und zurück zum Anfang knoten. Schnurenden verknoten und verschmelzen.

❷ Den Knoten lösen, und acht Arme mit je 3 Schnüren 6 cm lang knüpfen, dabei je einen Draht einlegen. Die Enden verknoten und abschneiden. Zwei Wackelaugen aufkleben.

Seepferdchen

❶ Knote eine rosa Schnur über das Ende einer pinken – dieses etwa 3 cm herausstehen lassen. 2 cm 3er-Knoten binden, dabei gleichzeitig einen 12 cm langen Draht mittig einlegen. Nun eine pinke Schnur mittig dazulegen, und 2 cm den 5er-Rundknoten knüpfen. Gleichzeitig für den Rückenkamm in jeden übereinander liegenden Knoten etwa 3 cm Bast einlegen.

❷ Jetzt die Fäden verdoppeln, und 5,5 cm mit dem 5er-Rundknoten und doppelten Schnüren weiterknoten. Nach insgesamt 5 cm ab Schnauze einen 5 cm langen Bastfaden quer für die Flossen einlegen. Dann bis auf 5 alle Faden abschneiden – ab jetzt keine Bastfäden mehr einlegen, und 6 cm bis zum Schwanzende weiterknoten.

❸ Alle Fäden verknoten, abschneiden und mit Kleber fixieren. Augen aufkleben und zwei durchsichtige Hörner mit Draht einstecken.

Fisch

❶ Knüpfe 13 cm mit dem 4er-Rechteckknoten und lege den Fisch zum Bogen. Ziehe die Schnüre beidseitig über das Geflecht, und knote noch 1,5 cm weiter. Schnurenden verknoten. Biege eine Brille aus Draht, klebe die Wackelaugen dahinter und zum Schluss beides auf den Kopf.

Tierische Anhänger

An der Schultasche wippen diese Scoubidou-Tiere ebenso fröhlich wie an der Handtasche, am Einkaufsbeutel oder am Rucksack ...

MATERIAL

Affe
- → 6 hellbraune Scoubidous, 120 cm lang
- → 4 orangefarbene Perlen mit 0,7 cm Ø
- → 1 naturfarbene Perle mit 1,5 cm Ø

Maus
- → 2 graue Perlmutt-Scoubidous, 120 cm lang
- → 1 silberfarbenes Glitter-Scoubidou, 40 cm lang
- → 2 Wackelaugen mit 3 mm Ø
- → Nylonschnur

Pinguin
- → Je 2 schwarze und weiße Scoubidous, 120 cm lang
- → Rest, neonorange
- → 2 Wackelaugen mit 5 mm Ø

SO WIRD'S GEMACHT

Affe

❶ Verstärke die Enden von zwei 80 cm langen Schnüren und schiebe die Kopfperle auf. Darunter eine 80 cm lange Schnur einlegen, und einen 4er-Eckknoten binden. Vier 40 cm lange Schnüre quer für die Arme einlegen – gleichzeitig eine 60 cm lange Schnur zur Verbreiterung. Nach den nächsten Knoten dreimal eine Schnur einlegen. Insgesamt 3,5 cm hoch den eckigen Knoten knüpfen.

❷ An beiden Seiten mit vier Fäden 4 cm rund weiterknoten, dabei einen Draht mitfassen. Die Fäden am Ende verknoten, und eine Perle aufschieben. Die Schnüre zwischen den Beinen bis auf einen hinten verknoten, mit Kleber fixieren, abschneiden, in den einzelnen Draht einschieben und zum Schwanz mit Öse drehen. Die Arme wie die Beine arbeiten. Die Schnüre am Kopf zu Ohren formen und kurz abschneiden. Das Gesicht mit einem Filzstift aufmalen.

Maus

Die langen Scoubidous halbieren, mit einem 4er-Eckknoten ohne Schlaufe beginnen. Dann zwei Fäden einlegen, gleichzeitig 5 etwa 3 cm lange Perlonschnüre für die Barthaare einlegen. Nach dem nächsten Knoten zwei Glitterschnüre mittig dazulegen. 5 Knoten mit 10 Schnüren binden, dann erst die Glitterschnüre. Zum Schluss die übrigen Schnüre bis auf 4 reduzieren. Eine Schnur mit Draht verstärken als Schwanz, die übrigen abschneiden und fixieren. Die Ohren aus drahtverstärkerter Schnur nachträglich aufstecken, Augen aufkleben und die Schnauze rosa bemalen.

Pinguin

Die Schnüre halbieren. Zwei weiße um eine weiße als Schlaufe binden, zwei 6er-Eckknoten binden, dann außen je eine schwarze, nach 2, 5 und 7 Knoten nochmal außen eine schwarze Schnur einbinden. In 5 cm Höhe außen je eine schwarze Schnur abschneiden, in 5,5 cm Höhe die Schnüre verknoten, dabei für die Flossen nach vorne und hinten zwei schwarze Schnüre beidseitig stehen lassen. 5 cm neonorange Schnur mit Draht verstärken, und von hinten in Schnabelhöhe beide Enden nach vorne schieben. Darüber die Wackelaugen festkleben.

TIPP
Knüpfe die Tiere auch in anderen Farben und hänge sie an deine Tasche. Dann hast du ein super unverwechselbares Einzelstück.

Schlüsselanhänger

Du weißt nicht, wo dein Schlüssel ist? Suchen ist jetzt vorbei, denn mit diesen starken, selbst gemachten Anhängern geht so schnell kein Schlüssel mehr verloren.

MATERIAL

Blume
- → 3 gelbe und 1 transparentes Glitter-Scoubidou, ca. 60 cm lang
- → 1 Holzblüte
- → 8 Perlmuttperlen und Rocailles

Herz
- → Je 2 rosa Perlmutt- und rote Glitter-Scoubidous, 80 cm lang
- → 4 Perlen mit 0,7 cm Ø

Holzperlenanhänger (siehe Tipp)
- → Jeweils 2 Schnüre mit 60 cm Länge
- → Farblich passende Holzperlen

SO WIRD'S GEMACHT

Blütenanhänger

❶ Knote eine gelbe Schnur mittig um eine transparente, und knüpfe einen 4er-Eckknoten. Dann noch 2 gelbe Schnüre mittig einlegen, und 1,5 cm flach weiterknoten.

❷ Die Schnüre beidseitig gleichmäßig aufteilen, und beidseitig 7 cm mit der transparenten Schnur den halben Weberknoten an zwei Strängen binden. Die Blüte darauf schieben, und die Schnüre miteinander verknoten.

❸ Schiebe 2 Rocailles mittig auf einen 8 cm Draht, dessen Enden erst durch eine Perle und dann in die herabhängenden Schnüre (vorher auf auf 5 bis 7 cm einkürzen).

Herz

❶ Lege die Schnüre bündig aufeinander und verknote sie in der Mitte. Schneide einen 25 cm langen Draht ab und schiebe ihn mittig in den Knoten. Nun binde den 4er-Rundknoten 10 cm lang über den Draht. Fäden hängen lassen.

❷ Löse den Knoten, und knicke den Draht zum rechten Winkel. Knote in diese Richtung ebenfalls den 4er-Rundknoten 10 cm lang. Forme dann grob das Herz aus, die Enden treffen in der Mitte zusammen. Nimm nun die rosa Schnüre beider Seiten und knote 2 cm. Die Schnüre in 6 cm Länge verknoten. Mit den roten Schnüren im Herz nach unten 3 Knoten binden, die Enden ungleichmäßig lang abschneiden und Perlen aufschieben.

TIPP

Als erste Stücke zum Knüpfen von Scoubidous eignen sich Schlüsselanhänger mit Perlen am besten. Du beginnst, indem du ein Band um das andere zur Schlaufe bindest (→ Zeichnung 3, Seite 5) und dann den 4er-Eckknoten bindest (→ Zeichnung 1, Seite 6). Ziehe anschließend zwei Schnüre durch eine Perle. Die übrigen Schnüre ziehst du an der Perle entlang und knotest dann weiter mit 4er-Eckknoten. Du kannst weitere Perlen einknoten wie beim rot-gelben Anhänger im Foto links und die Enden mit kleinen Perlen verzieren.

Reißverschlussanhänger

Ein jeder Reißverschluss braucht einen Anhänger, sonst sieht er kahl aus. Ganz klar, dass Scoubidous hier immer richtig hängen.

MATERIAL

Ananas
- Je 2 gelbe und orangefarbene Glitter-Scoubidous mit 100 cm Länge
- 1 grünes Scoubidou mit 60 cm Länge
- Dünner und fester Draht

Runder Anhänger
- Türkisblaues, oranges und transparentes Glitter-Scoubidou
- 1 Walzenperle

Tropfenförmiger Anhänger
- Lachsfarbenes, violettes und transparentes Glitter-Scoubidou
- 4 kleine Perlen

SO WIRD'S GEMACHT

Ananas

❶ Lege die gelben und orangefarbenen Scoubidous bündig nebeneinander. Binde ein Scoubidou mittig um die übrigen drei und knote 3 cm lang runde 4er-Knoten. Nach dem 2. Knoten steckst du einen 6 cm langen starken Draht in die Mitte, der über den Anfang etwa 4 cm hinausragt.

❷ Wende den Knotenstrang und binde den gleichen Knoten über den Strang zurück bis zum Beginn. Vor dem vorletzten Knoten legst du sechs etwa 10 cm lange grüne Schnüre ein, die vorher mit dünnem Draht verstärkt wurden. Schneide die Schnüre dicht an den Knoten ab und fixiere sie mit Kleber.

❸ Binde mit den grünen Schnüren drei runde 8er-Knoten. Wickele eine grüne Schnur um die Blätter der Ananas und fixiere sie mit Kleber. Die Blätter verschieden lang zurückschneiden. Den überstehenden Draht zur Öse biegen; Reste abschneiden.

Runder Anhänger

❶ Schneide einen 20 und einen 15 cm langen stärkeren Draht ab. Binde ein oranges transparentes Glitter-Scoubidou über den Draht und knote 10 cm lang den 4er-Rundknoten. Biege die Flechtschnur zum Kreis mit einem Innendurchmesser von ca. 3 cm. Die Schnurenden abschneiden und mit Kleber fixieren, die Drahtenden miteinander verdrehen, an ein Ende eine Perle mit durchsichtiger Schnur aufschieben.

❷ Einen zweiten Kreis mit ca. 5 cm Innendurchmesser aus türkisblauer und transparenter Schnur ebenso knüpfen. Das zweite Drahtende des Innenkreises in die Drähte des äußeren einhängen. Dessen Drahtenden mit farblosem Scoubidou umhüllen und zur Schlaufe biegen.

Tropfenförmiger Anhänger

Lachsfarbenes und violettes Scoubidou mittig auf einen 25 cm langen Draht knoten und 16 cm lang 4er-Eckknoten knüpfen. Die Enden abschneiden und fixieren. Zum Tropfen formen, Drahtenden verdrehen. Über

einen 10 cm langen Draht zwei lachsfarbene, 25 cm lange Schnüre binden und drei Rundknoten binden, mit einer lachsfarbenen Schnur vergrößern und noch 2 cm knoten. Die Enden 1,5 cm abschneiden, Draht einziehen, und eine Perle aufschieben. den Tropfen mit dem Draht im großen Tropfen fixieren, aus den Drähten eine Aufhängöse fixieren.

TIPP

Diese Anhänger sind, bis auf die Ananas, relativ schnell gemacht und eignen sich auch deshalb als Anfängerstücke. Die Ananas ist wegen der Blätter ein bisschen kniffliger. Sie ist aber etwas ganz Besonderes.

Schlüssel-Schutzengel

Für die Schutzengel brauchst du ein wenig Geduld. Dafür sehen sie auch richtig gut aus.

MATERIAL

Blauer Engel
- Weißes Scoubidou, 80 cm
- Lila, hellblaues und transparentes Scoubidou mit 120 cm Länge

Rosa Engel
- 2 perlmuttrosa Scoubidous, 80 cm lang
- Perlmuttrosa, lila und rosa Glitter-Scoubidous (Körper und Arme)

Gelber Engel
- Zitronengelbes, orangenes, hellgrünes und transparentes Glitter-Scoubidou in 120 cm Länge

Für jeden Engel
- Je eine Holzperle mit 1 cm Ø
- Reste von farbigem Seidenbast für die Haare

SO WIRD'S GEMACHT

Köpfe mit Ösen und Heiligenschein
Die mittige Schlaufe einer Schnur durch die Perle schieben und mit einem 5 cm langen Draht durch die Schlaufe am Oberkopf fixieren. Den Draht zum Schluss zu Öse und Heiligenschein biegen.

Flügeldrähte
Für jeden Engel zwei 10 cm lange Schnüre schneiden und mit Draht verstärken.

Blauer Engel
❶ Die weiße Schnur durch den Kopf stecken. Darunter zwei hellblaue Schnüre einknoten, zwei Knoten in Spiraltechnik binden. Nun drei hellblaue, 30 cm lange Scoubidous mit einem 5 cm langen Draht quer einlegen (Arme). Einen Knoten binden, mittig ein transparentes Scoubidou senkrecht und die beiden drahtverstärkten Flügeldrähte waagrecht einlegen.

❷ Nach dem nächsten Knoten beidseitig neben dem äußeren hellblauen je ein lilafarbenes Scoubidou einlegen. Bis zum Rocksaum insgesamt 5 cm vom Kinn weg spiralförmig knoten, dann alle Schnüre abschneiden und fixieren.

❸ Die Arme über dem Draht beidseitig 2 cm lang als 3er-Rundknoten binden. Die Flügel nach hinten oben biegen, in der passenden Länge abschneiden und die Enden hinten in die Knoten stecken. Den Seidenbast als Haare um den Kopf kleben, Heiligenschein und Öse biegen, das Gesicht mit Filzstiften aufmalen.

Rosa Engel
Perlmuttfarbene Schnur mittig durch die Perle stecken, darunter zwei lila Glitterschnüre einknoten und als Rechteck binden. Drei 30 cm lange Schnüre mit 5 cm Draht quer für die Arme und gleichzeitig die Flügeldrähte einlegen, darunter weiterknoten. Nun mittig ein pinkfarbenes Band und nach dem nächsten Knoten zwei rosafarbene Bänder beidseitig davon einknoten. Nach insgesamt

4,5 cm ab Kinn alle Bänder abschneiden und mit Kleber fixieren. Die Arme beidseitg 2 cm lang mit drei Schnüren binden. Sechs je 5 cm lange Bastfäden mit dem Kopfdraht fixieren, darüber Heiligenschein und Öse biegen. Die Flügeldrähte gerundet nach oben und dann nach unten biegen, die Enden in die Knoten auf der Rückseite stecken.

Gelber Engel

❶ Transparentes Scoubidou durch die Perle stecken und mit Draht fixieren. Drei Armschnüre in Gelb mit Draht unter dem Kinn wie beim pinkfarbenen Engel einlegen, außerdem eine orangegelbe Schnur. 1,5 cm rund binden, 3 Schnüre in beliebiger Farbfolge einlegen und flach weiterknoten. Nach dem zweiten Knoten auf der Vorderseite die Flügeldrähte quer einlegen. Bis in 4,5 cm Länge knoten, dann mit drei äußeren Schnüren zwei 3er-Knoten für die Füße knüpfen. Fäden an den Knoten abschneiden und fixieren.

❷ Die Arme mit 3er-Knoten 2 cm lang über dem Draht binden. Haare am Kopf festkleben, die Flügel herzförmig nach oben biegen, die Enden der Drähte hinter dem Körper in den Knoten einstecken. Draht über dem Kopf zum Heiligenschein mit Öse biegen. Gesicht aufmalen.

Halter für Kärtchen

Die Kartenhalter tragen Brieflein, Postkarten, Memos oder leichte Basteleien.

MATERIAL

Bunter Halter
- Je 1 lachs, rosa, mintgrünes und zitronengelbes Scoubidou, 200 cm lang
- 2 Rocailleperlen in Grün
- 50 cm Draht, 0,8 cm stark

Schwarz-weißer Halter
- 2 weiße und 4 schwarze Scoubidous, 100 cm lang
- 1 Kieselstein
- 1 Fotoklemme (Bastelladen)

SO WIRD'S GEMACHT

Bunter Halter

❶ Binde die Schnüre mittig mit dem zitronengelben Scoubidou zusammen. Beginne mit dem ersten Knoten für ein rechteckiges Band.

❷ Nun setzt du die Knoten mit dem spiralförmigen Geflecht 13 cm lang fort. Stecke beim zweiten Knoten einen 15 cm langen Draht in die Mitte des Geflechts. Um diesen Draht herum werden alle nachfolgenden Knoten ausgeführt.

❸ Nach 13 cm lässt du die blauen Schnüre hängen, und arbeitest noch 1 cm mit den übrigen 6 Schnüren spiralförmig weiter. Kürze den Mitteldraht nach diesem Knoten mit der Zange. Dann schneidest du die beiden zitronengelben Schnüre ab und fixierst die Enden mit Sekundenkleber. Nun noch drei Knoten mit dem runden Geflecht für 4 Bänder knüpfen. Die Enden der lachs- und rosafarbenen Bänder dicht abschneiden und mit Sekundenkleber fixieren.

❹ Schiebe in die beiden 15 cm langen blauen Scoubidous starke Drähte und wickele sie streng über einem Bleistift auf. Dann vorsichtig abziehen und zur Spirale formen. Die Schlange leicht S-förmig biegen und ein Foto hineinstecken.

Schwarz-weiße Klammerhalterung

❶ Lege die Schnüre bündig aufeinander und verknote sie nach 20 cm. Knüpfe den 6er-Rundknoten, dabei steckst du nach den ersten beiden Knoten die Drahtverlängerung der Klammer ein. Binde die Knoten bis zur Klammer, dann alle Schnüre auf eine Seite unter die Klammer ziehen und mit dem flachen 8er-Eckknoten 2 cm lang knüpfen.

❷ 2 schwarze Schnüre abschneiden und mit Kleber fixieren. Noch 1 cm bis zur Spitze der Klammer den 4er-Eckknoten binden, alle Fäden abschneiden, fixieren.

❸ Klebe das flache Teil unter der Klammer fest. Löse den Knoten am anderen Ende. Schneide die weißen Scoubidous dicht am letzten Knoten ab und fixiere diese zusätzlich mit Kleber. Die schwarzen Schnüre bindest du wie bei einem Päckchen um den Kieselstein herum und verknotest sie auf der Unterseite.

Kugelschreiber mit Pfiff

Gar nicht langweilig sind diese Kugelschreiber und tolle Geschenke.

MATERIAL

Koala
- Je 2 lila und graue Glitzerscoubidous, 200 cm lang
- Je 2 schwarze und weiße Scoubidous, 80 cm lang
- Je 3 schwarze und weiße Scoubidous, 50 cm lang
- 50 cm Silberdraht
- 1 Holzperle mit 2 cm Durchmesser
- 1 Kugelschreibermine

Robbe
- 4 graue Scoubidous, 120 cm lang
- 5 cm schwarzes drahtverstärktes Scoubidou
- 2 Wackelaugen

SO WIRD'S GEMACHT

Koala
❶ Lila und graue Scoubidous bündig aufeinander legen und mittig einen ersten 4er-Knoten mit doppelt genommenen Bändern binden. Nach dem zweiten Knoten die Mine mittig durch beide Knoten stecken. Den Kugelschreiber 15 cm lang knüpfen, Bänder abschneiden, fixieren.

❷ Den Kopf wie beim Affen (Seite 28) arbeiten, darunter zwei weiße lange Schnüre darüber knoten. Zwei runde Knoten ausführen, dann je zwei schwarze und weiße 50 cm lange Schnüre für die Arme quer einlegen, zusammen mit einem 8 cm langen Draht. Außerdem einen 3 cm langen Draht mittig in den Knoten stecken.

❸ 2,5 cm weiter über dem Mitteldraht knoten, dann den Draht abschneiden. Eine weiße und eine schwarze Schnur waagrecht unter den letzten Knoten mit 10 cm Draht legen. Vom Körper ein weißes und schwarzes Scoubidou seitlich für ein Bein nehmen – zusammen mit den vorher dazugelegten –, das Bein über den Draht knoten. Nach 4 cm den Draht abschneiden, noch einen Knoten darüber binden und die Schnüre abschneiden. Mit Kleber fixieren. Das zweite Bein genauso arbeiten, die Arme ebenso lang knoten. Den Koalakörper auf den Kugelschreiber kleben, die Arme und Beine darumbiegen.

Robbe
❶ Vier Schnüre mittig aufeinander legen und den ersten Knoten mit doppelt genommenen Schnüren rund knoten. Nach dem zweiten Knoten die Kugelschreibermine so weit hineinstecken, dass sie vorne herausschaut. Außerdem mehrere 4 cm lange Perlonschnüre quer als Schnauzbart einlegen. Nach 2 cm die schwarze Schnur parallel zum Schnauzbart einlegen.

❷ Etwa 10 cm mit doppelten Schnüren arbeiten, dann 4 Schnüre abschneiden und mit Kleber fixieren. Noch 6 cm den einfachen 4er-Rundknoten arbeiten. Drei Schnüre abschneiden und fixieren, den vierten 3 cm lang mit Draht verstärken und zur Öse biegen. Die schwarze Schnur zur Brille biegen, die Augen dahinter kleben.

Feines Strandgut

Mit Sandalen aus der eigenen Kreativwerkstatt bist du der Star am Strand und in der City.

MATERIAL

Flip-Flops
- 4 blaue Scoubidous, 200 cm lang
- Je 4 rote und pinkfarbene Scoubidous, 80 cm lang
- 2 flache blaue Holzperlen

Bikini
- 2 rosa und hellblaue Pastell-Scoubidous, 120 cm lang
- Pinkfarbene Perlen aus Glas und Holz

SO WIRD'S GEMACHT

Flip-Flops

❶ Eine blaue Schnur mittig um den Steg der Sandale legen und die Enden auf beiden Seiten nach oben über einen seitlichen Riemen deiner Sandale ziehen.

❷ Ein pinkes und rotes Band mittig zur Hälfte falten, und den Bruch über den Steg legen. Die blauen Bänder mit dem doppelten Weberknoten (Seite 9) über die pinken und roten Schnüre knoten, die Knoten liegen dabei beidseitig am Rand des Riemens. Nach dem zweiten blauen Knoten damit beginnen, die pinken und roten Schnüre abwechselnd darüber und darunter zu weben.

❸ Acht blaue Knoten mit verwobenen Fäden, acht blaue mit glatt darunter liegenden Fäden, acht blaue Knoten mit gewobenen Fäden ausführen, danach glatt weiterarbeiten. Alle Schnüre abschneiden und fixieren. Die zweite Hälfte des Riemens zur anderen Seite genauso arbeiten.

❹ 20 cm vom blauen, pinken und roten Scoubidou abschneiden. Das blaue vorne in der Mitte in einem Knoten festknoten und beide Enden durch das Loch der Perle schieben. Auf die Perle rote, pinke und blaue Schnüre legen, die blaue doppelt darüber legen. Alles fixieren.

Bikini

Binde je ein rosa und hellblaues Band so um den Träger, dass etwa 8 cm der Schnüre herabhängen. Knote den 4er-Rundknoten bis zum Nacken. Die Schnüre abschneiden, und die Knoten mit Kleber fixieren. Perlen auf die Schnüre am Anfang fädeln und mit einem Knoten und Kleber fixieren.

Zopfgummis

Mit diesen beiden Ideen kannst du normale Zopfgummis jederzeit verschönern.

MATERIAL

Gedrehter Haargummi
- Gelbe und pinkfarbene Glitter-Scoubidous, 80 cm lang
- 4 gelbe und pinkfarbene Perlen mit 0,5 cm Durchmesser

Perlengummi
- Je 2 rosa und gelbe Glitter-Scoubidous, 80 cm lang
- Je 4 gelbe und rosa Holzperlen
- 1 flache gelbe Holzperle

SO WIRD'S GEMACHT

Gedrehter Haargummi

1. Je zwei der gelben und pinkfarbenen Schnüre halbieren. Eine lange gelbe und pinkfarbene Schnur im Gummi einknoten, zwei 4er-Rundknoten knüpfen.

2. Zweimal nacheinander mit je einer kurzen Schnur jeder Farbe erweitern und spiralförmig 2,5 cm binden. Nacheinander wieder je eine Schnur jeder Farbe bis auf insgesamt vier Schnüre verschmälern. Die Schnüre 1,5 cm lang abschneiden und Perlen auffädeln.

3. Bei der zweiten Spirale die Schnüre außen pink, innen gelb einlegen.

Perlengummi

1. Die Schnüre nebeneinander legen und nach 5 cm miteinander verknoten. Insgesamt 10 cm mit dem 4er-Rundknoten knüpfen, dabei nach 4 cm zwei gelbe und rosafarbene Schnüre für die Perlen einlegen.

2. Die Enden des Knüpfbandes im Gummi einknoten, mit Kleber fixieren und abschneiden. Alle herabhängenden Schnüre durch die flache Perle stecken und mit Kleber fixieren. Auf die Enden der acht Schnüre Perlen schieben, die Scoubidous verknoten und mit Kleber fixieren.

Leben im Haar

Diese Haarspangen fallen in jedem Fall auf. Beide brauchen etwas Fingerspitzengefühl, sind aber echte Prachtstücke und sichern dir bewundernde Blicke.

MATERIAL

Krokodil

- ➜ Je 4 neongelbe, neongrüne und mattgrüne Glitter-Scoubidous, 120 cm lang
- ➜ Roter Bast oder Filz
- ➜ Haarspange, 5 cm lang

Schlange

- ➜ 4 neonorangene Scoubidous, 120 cm lang
- ➜ Je 1 schwarzes und neongrünes Scoubidou, 140 cm lang
- ➜ Rest rot
- ➜ Haarspange, 12 cm lang

SO WIRD'S GEMACHT

Krokodil

❶ Zwei neongrüne Schnüre mittig über Kreuz aufeinander legen und 2 cm lang den 4er-Eckknoten knoten, dabei nach dem ersten Knoten einen 10 cm langen Draht mittig einstecken.

❷ Mit je einer neongelben Schnur an den Seiten erweitern und den 6er-Eckknoten knoten. Beim dritten 6er-Knoten drei 20 cm lange grüne Schnüre für die Beine einlegen.

❸ Nach den Beinen mit einem mattgrünen Scoubidou mittig erweitern, nach 2 cm wieder drei Schnüre in 20 cm Länge für die Beine einlegen.

❸ Für die Schnauze nach 1 cm einen gelben Querfaden, zwei grüne Längsfäden und einen 4 cm langen Draht dazulegen.

❹ Die Fäden so teilen, dass der Unterkiefer mit den neuen Fäden über dem Draht 6fädig geknüpft wird. Nach 2 cm zwei Fäden abschneiden, noch zwei 4er-Eckknoten binden und die Fäden abschneiden.

❺ Den Oberkiefer 8fädig knoten, nach 1,5 cm den Mittelfaden abschneiden, nach weiterem 1 cm noch einen Mittelfaden reduzieren, dann noch 0,5 cm mit dem 4er-Eckknoten knüpfen. Fäden abschneiden und fixieren. In das Maul roten Bast kleben, und Wackelaugen auf den Kopf kleben. Das Krokodil auf der Haarspange festkleben.

Schlange

❶ Aus dem grünen und schwarzen Scoubidou die Schlange mit einem eingelegten 20 cm langen Draht knoten. Dabei für das Zickzackmuster im Wechsel 3-mal rechts herum knoten, dann 3-mal links herum knoten. 6 cm rote Schnur mit Draht verstärken, mittig falten und in den letzten Knoten stecken. Noch zwei Knoten darüber binden, dann alle Fäden abschneiden und mit Kleber fixieren.

❷ Drei orangefarbene Scoubidous mittig mit dem vierten zusammenbinden und mit dem 8er-Eckknoten 12 cm lang knoten. Die Enden mit Kleber fixieren und abschneiden. Das Band auf die Haarklammer, darauf die gebogene Schlange kleben.

Ein schöner Namenszug

Einen Namen mit Scoubidous zu knüpfen ist die hohe Schule dieser Kunst. Aber ein ganz besonders hippes Geschenk!

MATERIAL

Für jeden Buchstaben

- → 2 verschiedenfarbige Glitter-Scoubidous, 80 cm lang
- → Farben
- → Draht in der entsprechenden Länge
- → Papier und Stift
- → Farbstifte in verschiedenen Farben

TIPP

Du kannst mit dem Schriftzug die Zimmertür des Bewohners verzieren. Aber auch auf der Schultasche und dem Federmäppchen macht sich der Scoubidou-Name gut. Vielleicht auch eine gute Idee für die Schultüte des kleinen Bruders oder deiner Schwester.

SO WIRD'S GEMACHT

❶ Die Buchstaben des Namens nebeneinander auf Papier schreiben, dabei sollte der Anfangsbuchstabe etwa 6 bis 7 cm groß sein (Zeichnung 1).

❷ Die Buchstaben mit kleinen Zwischenbögen verbinden, an den Stellen, die sich sinnvoll verbinden lassen (Zeichnung 2). Jeden einzelnen Buchstaben in einer Farbe nachmalen, so kannst du genau die Teile sehen, die du knüpfen musst

❸ 2 Schnüre mittig für den ersten Knoten zusammenlegen, und die Knoten rund binden. Nach 2 Knoten steckst du einen Draht in der Länge des Buchstabens in die Mitte, und bindest alle Knoten um den Draht.

❹ Ist eine Schlaufe wie beim L notwendig, biegst du den Abwärtsstrich um die Schlinge, legst je zwei Schnüre vor und hinter den Abwärtsstrich und knotest dicht daran weiter.

❺ Zum Verbinden der einzelnen Buchstaben legst du die Endfäden über die Wölbung des nächsten Buchstabenteils, zwei liegen vor und zwei nach dem Geflecht. Dann führst du noch zwei Knoten aus, schneidest die Enden dicht am Knoten ab und fixierst ihn mit Sekundenkleber.

Lustige Schildkröte

Einfach süß ist diese kleine grüne Schildkröte mit ihren lustigen Wackelaugen.

MATERIAL

- ➜ 6 grüne Scoubidous, 80 cm lang
- ➜ Grüne Pailletten
- ➜ Wackelaugen mit 5 mm Ø

SO WIRD'S GEMACHT

❶ Lege fünf Schnüre bündig nebeneinander und und verknote sie nach 20 cm miteinander. Knote dann zwei 10er-Eckknoten und erweitere mit einer weiteren Schnur. Schneide zwei 8 cm lange Drähte, und stecke sie in die Mitte der beiden äußeren Knoten – sie müssen für die Beine noch 2 cm über den Knoten hinausreichen.

❷ Knote den Panzer 3 cm lang und reduziere die Breite um eine Schnur. Mit den äußeren vier Schnüren knotest du die Vorderbeine eckig weiter, dabei läuft in der Mitte der Draht. Nach 1 cm die Schnüre abschneiden und mit Kleber fixieren.

❸ Mit den mittleren vier Schnüren am Panzer den Hals eckig 1,8 cm lang knoten, dabei am Anfang einen 2 cm langen Draht einstecken.

❹ Für den Kopf über den Hals 4 Knoten zurückknoten. Schnüre abschneiden und mit Kleber fixieren.

❺ Den Anfangsknoten lösen, und die Beine an beiden Seiten mit je vier Schnüren eckig über den Draht in gleicher Länge wie Vorderbeine knoten. Die Schnüre der Beine und die dazwischen abschneiden und mit Kleber fixieren.

❻ Klebe die Pailletten überlappend auf den Panzer und die Augen auf den Kopf.

Traumfänger

Beim Knüpfen kannst du dir Knoten für Knoten schöne Träume wünschen und hoffen, dass sie in Erfüllung gehen.

MATERIAL

- Rosa, lila und lachsfarbener Kunstbast
- Draht, 32 cm lang oder Ring mit 10 cm Ø
- 1 Holzperle mit 2 cm Ø
- Federn in Pink und Lila
- Sticknadel

SO WIRD'S GEMACHT

❶ Vom rosa- und lilafarbenen Bast je 2 350 cm lange Fäden abschneiden. Diese am Anfang miteinander verknoten und den 4er-Rundknoten binden. Beim zweiten Knoten den Draht in das Geflecht stecken. Draht bis 0,5 cm vor dem Ende umflechten, die Fäden mit Kleber fixieren und abschneiden. Die Drahtenden in die gegenüberliegenden Geflechtenden stecken und mit Sekundenkleber fixieren.

❷ Schneide aus allen Bastfarben jeweils drei Fäden mit 100 cm Länge. Lege die Fäden aufeinander, und schiebe mittig eine dicke Holzperle darauf. Damit die Perle in der Mitte bleibt, die gegenüberliegenden Fäden von vorne nach hinten bzw. umgekehrt durchziehen. Immer drei Bastfarben zusammen als runden 3er-Knoten verknüpfen, dabei dicht hinter der Perle beginnen. Nach außen hin etwa 4,5 cm arbeiten, dann die Fäden einfach hängen lassen

❸ Sechs Strahlen von der Mittelperle weg knoten. Die Enden der Fäden mit einer Sticknadel durch den äußeren Ring ziehen, verknoten und mit Sekundenkleber fixieren.

❹ Eine Schlaufe zum Aufhängen stehen lassen, drei herabhängende Bastfäden mit den Federn verzieren.

Zum Nachschlagen

STICHWORTVERZEICHNIS

ÜBER DIESES BUCH

Die Autorin
Heidi Grund-Thorpe, Modegrafikerin, Grafikdesignerin und Lehrerin, schreibt seit vielen Jahren im Kreativbereich für Zeitschriften- und Buchverlage. Im Weltbild Buchverlag erschienen von ihr u.a. »Figuren aus Tontöpfen« und »Ich lerne nähen«.

Die Fotografin
Inge Ofenstein arbeitet seit vielen Jahren als Fotografin im Bereich Werbung und Verlag. Ihre Fotoarbeiten wurden durch die Teilnahme bei der Expo 1998 als Mitglied der Künstlergruppe »Manna – Kunst für das Volk« in Lissabon ausgezeichnet.

Haftungsausschluss
Die Inhalte dieses Buches sind sorgfältig recherchiert und erarbeitet worden. Dennoch kann weder die Autorin noch der Verlag für die Angaben in diesem Buch eine Haftung übernehmen.

Bildnachweis
Alle Fotos Inge Ofenstein, München

Impressum
Es ist nicht gestattet, Abbildungen und Texte dieses Buches zu digitalisieren, auf PCs oder CDs zu speichern oder einzeln oder zusammen mit anderen Bildvorlagen/Texten zu manipulieren, es sei denn mit schriftlicher Genehmigung des Verlages.

Weltbild Buchverlag
-Originalausgaben-
© 2004 Verlagsgruppe Weltbild GmbH,
Steinerne Furt 67, 86167 Augsburg
6. Auflage 2004
Alle Rechte vorbehalten

Projektleitung: Almut Seikel
Redaktion: Verena Zemme
Umschlaggestaltung und Layout: X-Design, München
Titelbild: Inge Ofenstein
Satz: KL-Grafik, München
Reproduktion: Point of Media GmbH, Augsburg
Druck und Bindung: Offizin Andersen Nexö Leipzig GmbH, Spenglerallee 26–30, 04442 Zwenkau

Gedruckt auf chlorfrei gebleichtem Papier

Printed in Germany

ISBN 3-89897-085-X